Para Juliette, Théophile, Clémence,
Sylvain, Adèle y Elsa.
V. A.

Gracias a Hervé, Alain y Élisabeth, René,
André y la familia Pillard.
E. T.

En la misma serie:

Inventario ilustrado de animales
Inventario ilustrado de los mares
Inventario ilustrado de los árboles
Inventario ilustrado de animales con cola
Inventario ilustrado de insectos
Inventario ilustrado de aves
Inventario ilustrado de flores
Inventario ilustrado de dinosaurios

Concepto gráfico y realización: Cédric Ramadier
Relectura científica: Paule Lacroix, doctora ingeniera agrónoma

Título original: *Inventaire illustré des fruits et légumes*

© 2010, Albin Michel Jeunesse
Publicado con el acuerdo de Isabelle Torrubia Agencia Literaria
© de la traducción: Pedro Almeida, 2019
© de esta edición: Kalandraka Editora, 2019
Rúa de Pastor Díaz, n.º 1, 4.º B. 36001 Pontevedra
Tel.: 986 860 276
editora@kalandraka.com
www.kalandraka.com

Coordinador de la colección: Xulio Gutiérrez
Faktoría K de libros es un sello editorial de Kalandraka

Impreso en Gráficas Anduriña, Poio
Primera edición: mayo, 2019
ISBN: 978-84-16721-42-9
DL: PO 162-2019
Reservados todos los derechos

Virginie
Aladjidi

iNVENTARIO
de FRUTAS Y VERDURAS
ilustrado

Emmanuelle
Tchoukriel

FAKTORÍA K DE LIBROS

PRÓLOGO

¡**Bienvenido** al mundo de las plantas o, más ampliamente, al mundo de los vegetales!

En este libro vamos a presentarte las plantas comestibles, de las que podemos comer sus frutos, raíces, tubérculos, bulbos, tallos, hojas, semillas… ¡e incluso sus flores! Hemos mezclado las frutas y las verduras agrupándolas por su color, solo para que sean agradables a la vista.

La palabra «fruta» se emplea para designar el fruto comestible de algunas plantas. El término «fruto» lo hemos usado aquí según su definición en botánica: es el órgano resultante de la transformación del pistilo de una flor después de su fecundación. El pistilo, órgano reproductor hembra de la flor, está formado por uno o más ovarios, cada uno de los cuales contiene uno o varios óvulos. Para que pueda tener lugar la fecundación de los óvulos, es necesario que se depositen sobre el pistilo pequeñas partículas de polen caídas de los estambres de la misma flor o de otra flor cualquiera. El polen puede ser llevado por el viento o por animales (lo más frecuente es que sean insectos). Esta etapa de polinización es esencial para la producción de los frutos. Después de la fecundación, los óvulos se transforman en semillas, de cuya protección se encarga el fruto.

La palabra «verdura», por el contrario, es un término culinario. Así, el tomate o la berenjena son frutos botánicos que se consumen, principalmente, como verduras, es decir, en platos salados.

Entre los frutos, descubriremos las drupas, que son frutos con hueso; las bayas, que no tienen hueso, pero tienen varias pepitas; frutos con cáscara, como las nueces; los cítricos…

Entre las verduras, observaremos las legumbres, los tubérculos y todo tipo de hortalizas. Mencionaremos también algunos alimentos de origen vegetal más elaborados: por ejemplo, la hoja del té, el fruto del cafeto y la vaina del cacao, que necesitan una transformación y una preparación importantes antes de llegar a ser té, café y chocolate.

También veremos otros vegetales que no están sujetos a la tierra por las raíces, sino que crecen en el fondo del mar.

En este inventario de más de cien frutos y verduras figuran, finalmente, unos intrusos muy sabrosos: los hongos, que no forman parte del reino vegetal, sino que pertenecen a otra categoría de organismos biológicos, que es estudiada por la micología.

Todos estos productos de la tierra, tanto los recogidos de la naturaleza como los seleccionados y cultivados por los agricultores, engrandecen nuestros platos. Os invitamos a que los consumáis, crudos o cocinados, y a que descubráis su infinita diversidad, para participar de esa forma en el mantenimiento de la biodiversidad.

Emmanuelle Tchoukriel, ilustradora formada en el dibujo científico, mediante la precisión de su trazo con *rotring* y el color de sus acuarelas, consigue efectos reales de volumen y textura en las frutas y las verduras dibujadas. Para apreciar sus aromas y sus sabores, las ha observado e incluso las ha probado en las huertas y en los mercados, por todas partes.

Fijaos bien: esto tiene muy buena pinta y muy buen olor. No dudéis en probarlo.

Virginie Aladjidi

Nota: hemos dado preferencia al acabado de textura y color de las frutas, las verduras y los animales, sin tener en cuenta la noción de escala. Por otro lado, hemos preferido mencionar los nombres latinos de los árboles frutales y de las plantas, en lugar de los de sus frutos.

Melón

Fruto de la planta
del mismo nombre

Cucumis melo

Esta planta es una cucurbitácea, como las calabazas o el pepino. Sus tallos se arrastran por el suelo o trepan sobre un soporte mediante zarcillos en espiral, que le permiten agarrarse. El fruto, dulce y muy perfumado, tiene numerosas semillas.

Abeja

— *lámina 1* —

Conejo

Zanahoria

Raíz de la planta del mismo nombre

Daucus carota

Esta planta tiene las hojas muy finamente divididas. Las zanahorias más conocidas son alargadas y de color naranja, pero existen otras rojas, blancas, amarillas… y redondas. La comemos como verdura, cruda o cocinada, y también en mermeladas y pasteles.

— *lámina 2* —

Albaricoque

Fruto del ALBARICOQUE

Prunus armeniaca

El albaricoque tiene la piel aterciopelada y, en su interior, oculta un hueso de madera. En el interior del hueso se encuentra la semilla, que se llama «almendra». Una sola almendra, añadida a cada kilo de fruta en el momento de cocer la fruta para hacer la mermelada, le da un perfume delicioso.

Cebolla

Bulbo de la planta herbácea del mismo nombre

Allium cepa

El bulbo de la cebolla crece dentro de la tierra; está constituido por numerosas capas carnosas, que son realmente la base muy gruesa de las hojas de la planta, embutidas unas en otras. Cuando la cortamos, se desprenden unas moléculas que nos hacen llorar.

fig. 1
Calabaza
Cucurbita pepo

— lámina 5 —

fig. 2
Calabaza
Cucurbita maxima

fig. 3
Calabaza
Cucurbita maxima

fig. 4
Calabaza
Cucurbita maxima

Calabaza

Fruto de varias plantas del mismo nombre

Diversas especies de la familia de las cucurbitáceas

Estos frutos crecen en plantas con tallos rastreros y tienen un sabor ligeramente dulce. Con ellos se hacen sopas, tartas, mermeladas, aceites (con sus semillas)... Una misma especie de calabaza se puede presentar en diferentes formas.

Mandarina

Fruto del MANDARINO

Citrus x reticulata

Es un cítrico de corteza fina,
con la carne azucarada
y poco ácida,
que contiene pepitas.

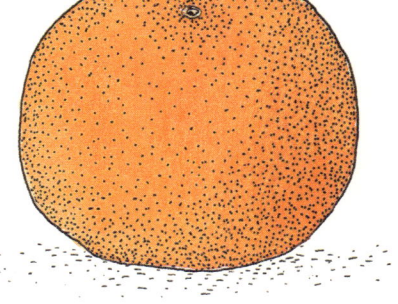

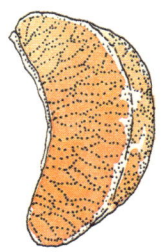

Clementina

Fruto del CLEMENTINO

Citrus x reticulata

No se sabe bien si este cítrico sin pepitas (o con muy pocas)
es un híbrido entre la mandarina y otro cítrico
o es una variedad natural de la mandarina. Debe su nombre
al abad Clément, que la descubrió en 1892. Ha desplazado
a la mandarina, que no es tan agradable, a causa de sus pepitas.

— lámina 6 —

Naranja
Fruto del NARANJO

Citrus x sinensis

Esta baya de sabor ácido posee, normalmente, una decena de gajos. Existen variedades con pepitas y otras sin ellas. La naranja ha dado su nombre al color.

— lámina 7 —

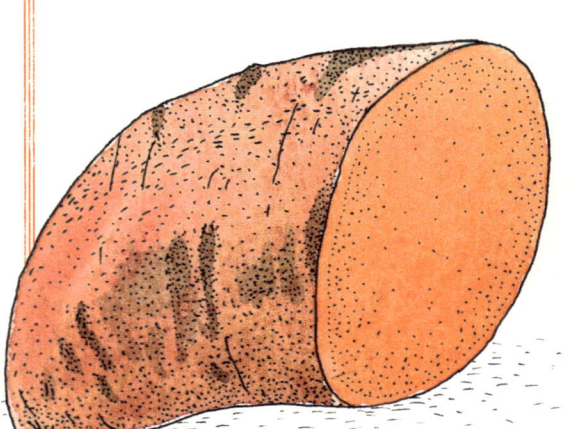
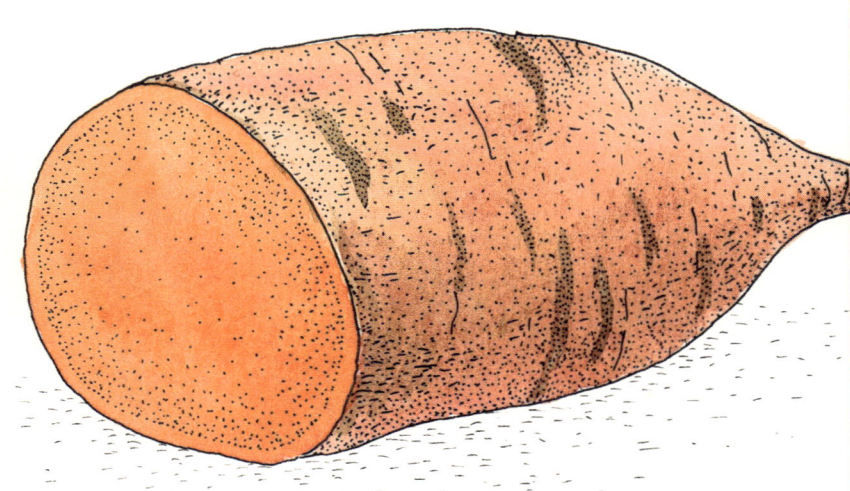

Batata

Tubérculo de la planta del mismo nombre

Ipomoea batatas

Tiene la piel muy fina, de un color que puede variar desde el blanco al pardo violeta, y la carne anaranjada o blanquecina. Como la patata, es un tubérculo (órgano que sirve como reserva de alimento para la planta) rico en almidón, pero con un sabor más dulce. Se consume esencialmente en África, Asia y las islas del Pacífico.

— *lámina 8* —

Papaya

Fruto del arbusto del mismo nombre

Carica papaya

La papaya, antes de madurar, se consume como verdura. El fruto está maduro cuando se ha vuelto casi por completo de color naranja. Antes de comerla, es necesario retirar la piel y las pepitas, que parecen pequeñas perlas negras.

Tarabilla de Reunión
o tec-tec

— lámina 9 —

Caqui

Fruto del CAQUI o PALO SANTO

Diospyros kaki

Existen muchas variedades de caqui, cuyo fruto, generalmente, se debe consumir en un estado de maduración muy preciso: antes de ese momento, resulta áspero; en el momento justo, es delicioso; después, se pudre muy deprisa. No resulta fácil encontrarle el punto…

Tomate

Fruto de la
TOMATERA

Lycopersicon esculentum

Este fruto, que hoy día se come como verdura, en otro tiempo era cultivado únicamente como una exótica planta decorativa procedente de los Andes, ya que se la consideraba tóxica. Actualmente, presenta múltiples variedades de diferentes formas, colores y tamaños.

Mariquita

— lámina 11 —

Café

Semillas del fruto del CAFETO

Diversas especies del género *Coffea*

Al principio el fruto es verde y, en un período de entre seis y doce meses, madura volviéndose amarillo y, más tarde, rojo escarlata. Se le llama entonces la «cereza» del cafeto. En ese momento, se recogen los frutos; luego se cuecen y se someten a diversos tratamientos, para extraer los dos granos blanquecinos que contienen, que ya se han vuelto de un color gris verdoso. Se tuestan los granos que doblan su tamaño y se vuelven marrones. Se sabe que están bien tostados cuando empiezan a oler bien. Finalmente, se trituran los granos para obtener el café molido.

— lámina 12 —

Pimiento

Fruto de la planta del mismo nombre

Capsicum annuum

Las plantas de la especie *Capsicum annuum* son muy variadas: unas tienen frutos dulces (se los llama «pimientos»); otras, picantes (se los llama «guindillas»). El pimiento está hueco y contiene unas semillas minúsculas. Su color varía, dependiendo de la variedad y del grado de maduración: generalmente, pasa del verde al amarillo; luego, al naranja y, finalmente, al rojo.

— *lámina 13* —

Frambuesa

Fruto del FRAMBUESO

Rubus idaeus

Una frambuesa es, en realidad, un fruto múltiple, compuesto por unos cuarenta minúsculos frutos peludos aglomerados, cada uno de los cuales procede de uno de los órganos hembra de una misma flor.

Fresa

Fruto de la planta del mismo nombre

Diversas especies del género *Fragaria*

Se las podría calificar como falsos frutos, porque los auténticos, que proceden de los órganos femeninos de la flor, son las múltiples semillas denominadas «aquenios», que se pueden ver en la superficie de la fresa. Siempre fragante, jugosa y dulce, la fresa se presenta en más de 600 variedades.

— lámina 14 —

Grosella roja

Fruto del GROSELLERO

Ribes rubrum

Son bayas de sabor ácido, generalmente de un color rojo vivo pero, a veces, rosadas o incluso blancas. Forman pequeños racimos, que atraen a los pájaros y a los insectos.

Libélula

— lámina 15 —

Cereza
Fruto del CEREZO

Prunus cerasus y *Prunus avium*

Este pequeño fruto es una drupa (fruto con hueso), colgada de la rama mediante un largo pedúnculo (rabo). La mayor parte de las cerezas son dulces cuando están bien maduras, pero algunas, como las guindas, son ácidas. Un cerezo produce una media de entre 20 y 50 kilos de cerezas cada año.

Mirlo negro

— lámina 16 —

Especias

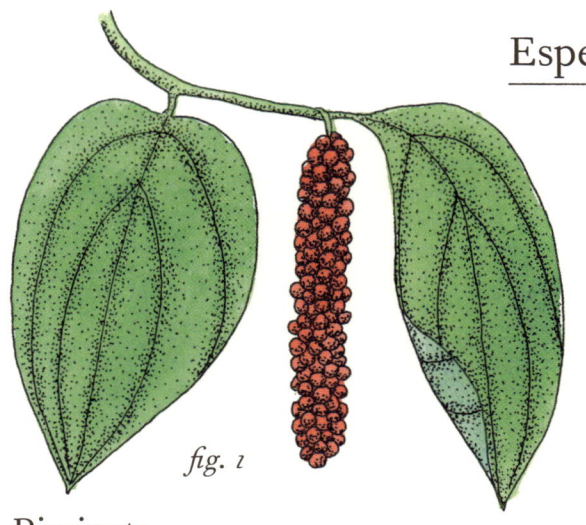

fig. 1

Pimienta

Fruto de la planta del mismo nombre

Piper nigrum

Las semillas de pimienta son bayas. Tienen diferentes colores, según el período de cosecha, el modo de conservación o el tratamiento aplicado.

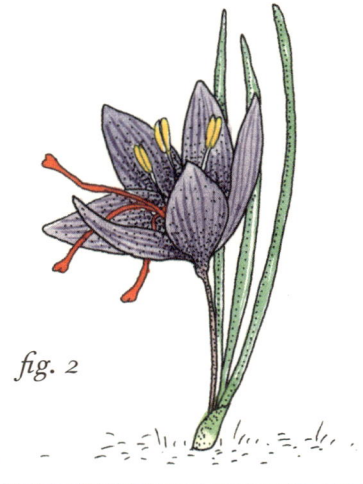

fig. 2

Azafrán

Órgano floral de la planta del mismo nombre

Crocus sativus

Para cosechar el azafrán, solamente se recogen los tres filamentos de color rojo anaranjado situados en el extremo del órgano reproductor femenino de la flor. Una vez secos y tostados, pueden ser consumidos.

fig. 3

Pimienta de Cayena

Fruto de la planta del mismo nombre

Capsicum frutescens

Este fruto tiene un sabor muy picante y produce una sensación de ardor en la boca, que se calma bebiendo leche.

fig. 4

Pimienta rosada

Fruto del PIMENTERO BRASILEÑO

Schinus terebinthifolius

A pesar de su nombre, esta planta no es realmente pimienta.

— *lámina 17* —

Pomelo

Fruto de la planta del mismo nombre
Citrus x paradisi

Este fruto, que crece en racimos, tiene la piel gruesa, amarilla o veteada de rosa, y la pulpa ligeramente amarga, de color rosa o amarillo. Se le confunde a menudo con la toronja, que es más grande, ácida y amarga. Eso es, sin duda, porque el árbol en donde nace es el resultado de un cruce entre el toronjo y el naranjo.

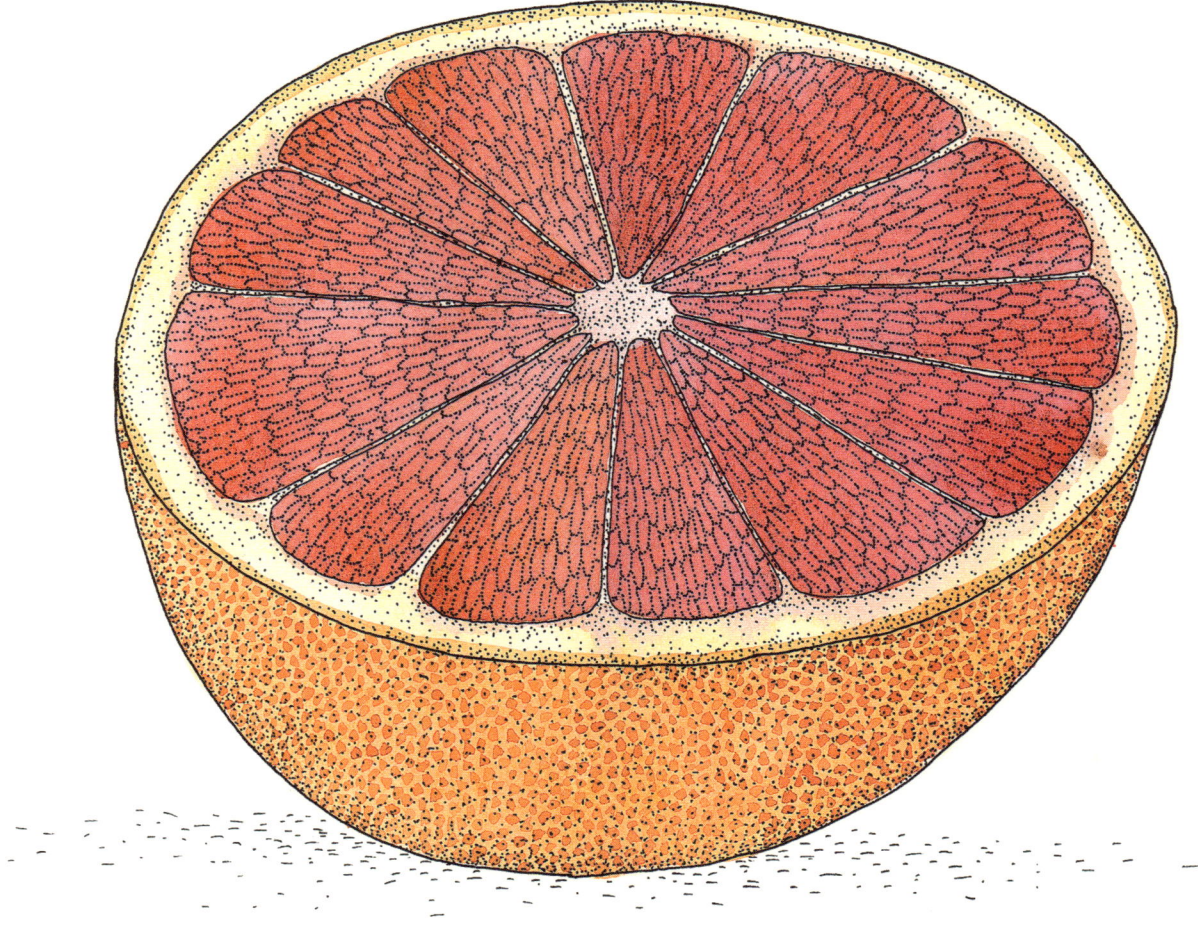

— *lámina 18* —

Melocotón

Fruto del MELOCOTONERO

Prunus persica

El melocotón es un fruto del tipo drupa,
es decir, que tiene hueso. Su piel es aterciopelada,
lo que lo distingue del griñón y de la nectarina,
que tienen la piel lisa. Hace ya 2500 años,
el melocotón estaba presente en China.
Actualmente, sus variedades se presentan
con diferentes colores de piel, de carne
(amarilla, blanca o roja)
y en diferentes formas
(esférica o achatada).

— *lámina 19* —

Sandía

Fruto de la planta del mismo nombre

Citrullus lanatus

La sandía es una enorme baya de forma esférica y oval, generalmente con muchas semillas. Esta cucurbitácea, de la misma familia que las calabazas y los melones, contiene más de un 90 % de agua, por lo que calma la sed sin aportar muchas calorías. Ya era cultivada en el antiguo Egipto.

Rábano

Raíz de la planta del mismo nombre

Raphanus sativus

Si ha tenido poca agua, el rábano tendrá un sabor más intenso que si ha sido bien regado. Existen diversos tipos de rábanos, entre los que se encuentran los rabanitos rosados, redondos o alargados, y los más grandes, como el rábano negro y el *daikon,* o rábano japonés, que es blanco.

— *lámina 21* —

Lichi

Fruto de la planta del mismo nombre

Litchi chinensis

Este fruto tiene una envoltura coriácea y granulosa que, al madurar, se vuelve roja y debe ser retirada. Entonces queda al descubierto la semilla, de la cual se consume solamente la parte externa, blanca y pulposa, dejando aparte el centro, que es marrón y tóxico.

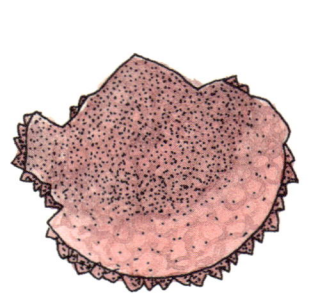 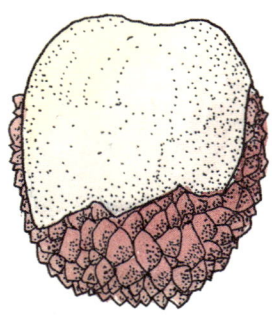 

— *lámina 22* —

Algas comestibles

Dos algas rojas (del grupo de las rodofíceas), un alga parda (de las feofíceas) y un alga verde (de las clorofíceas).

fig. 1

Nori

Diversas especies del género *Porphyra*

Estas algas rojas son las más consumidas de todas las algas: fritas, en puré, en infusión y, sobre todo, en el *sushi* japonés. Al secarse, se vuelven negras.

fig. 2

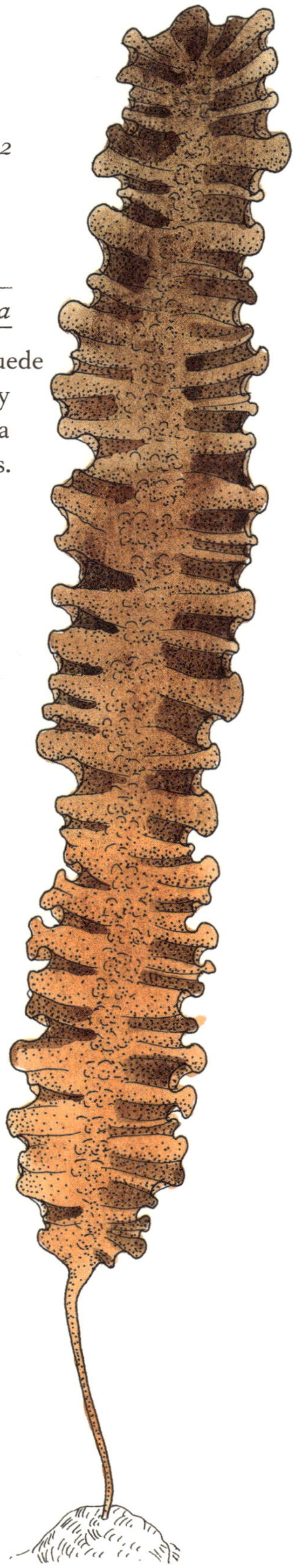

Kombu

Saccharina latissima

Esta alga parda se puede comprar ya cortada y seca y se emplea para salsas o condimentos.

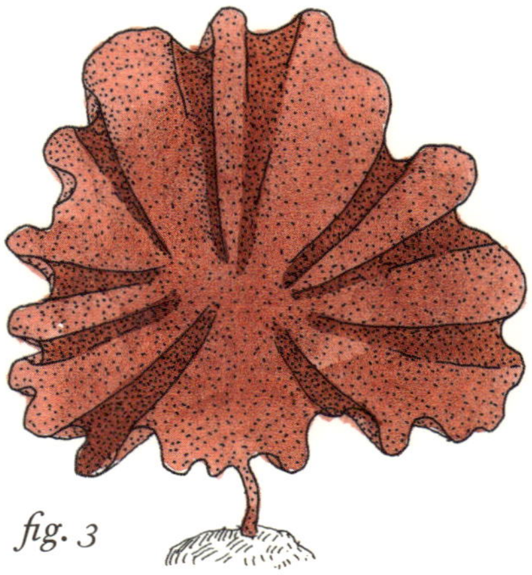

fig. 3

Dulse

Palmaria palmata

Esta alga roja, de sabor dulce, es crujiente si se come cruda y jugosa al cocinarse.

Buey de mar

fig. 4

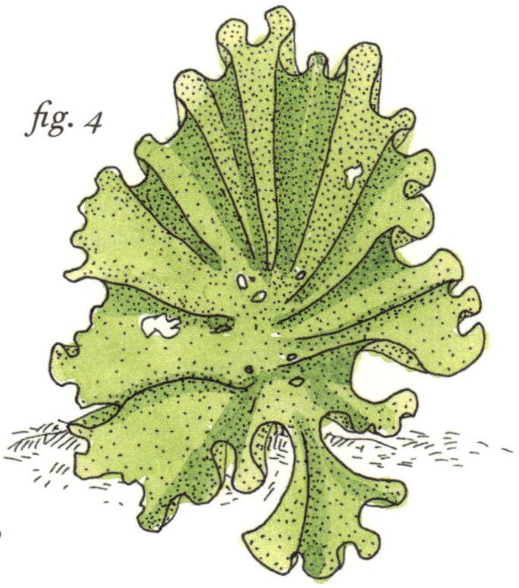

Lamilla
o lechuga de mar

Ulva lactuca

El sabor y el aspecto de esta alga verde, idénticos a los de la lechuga, le han dado su nombre.

— lámina 23 —

Higo
Infrutescencia
de la HIGUERA COMÚN

Ficus carica

El higo madura en una envoltura carnosa,
en el interior de la cual se encuentran
numerosas semillas. Estas semillas son
los auténticos frutos de la higuera;
cada uno de ellos proviene de la transformación
de una minúscula flor.

Higo chumbo o de tuna
Frutos de la CHUMBERA o NOPAL

Opuntia ficus-indica

El nopal o chumbera es un cactus
con tallos planos en forma de raqueta.
Sus frutos son grandes bayas carnosas,
frecuentemente espinosas,
aunque también existen
variedades sin espinas,
que son más fáciles
de recolectar.

— lámina 24 —

Mango

Fruto del árbol del mismo nombre

Mangifera indica

El mango cuelga de las ramas del árbol mediante una larga cola y tiene un hueso largo y plano que no se separa fácilmente de la pulpa. Es sabroso y dulce y contiene muchas vitaminas.

Gecko

— *lámina 25* —

Granada
Fruto del GRANADO
Punica granatum

Es una baya redonda, cuya piel tiene el aspecto del cuero. Cuando está madura, produce un sonido metálico al golpearla con los dedos. Sus numerosas pepitas de color rojo rubí están cubiertas por una pulpa dulce y jugosa, de la que antiguamente se obtenía la granadina o jarabe de granada.

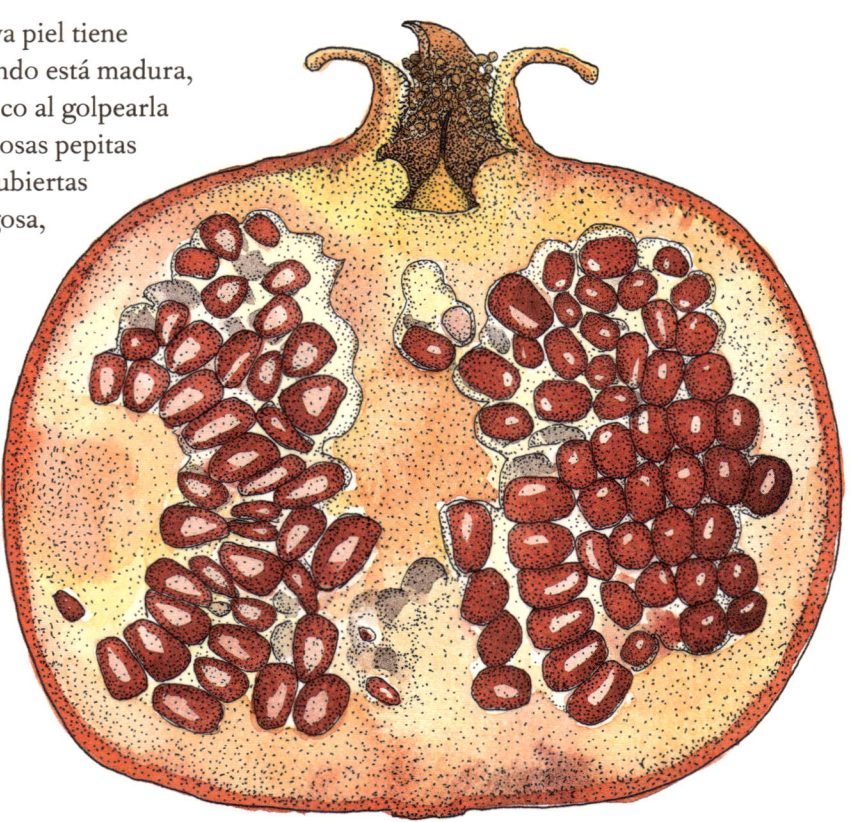

Maracuyá o fruta de la pasión
Fruto de la PASIONARIA
Passiflora edulis

De la fruta de la pasión podemos comer las pepitas crujientes y la pulpa jugosa que las recubre.

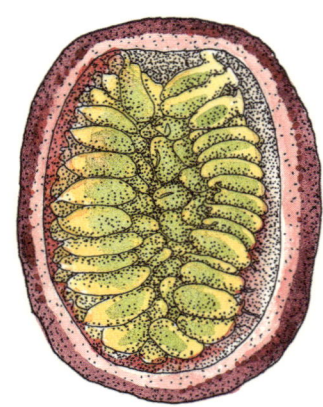

— lámina 26 —

Remolacha

Raíz de la planta del mismo nombre

Beta vulgaris

Esta planta se cultiva por su raíz,
que se consume sobre todo cocinada.
Al prensarla o deshidratarla,
se obtiene un colorante alimentario:
el E162, llamado «rojo remolacha».

— *lámina 27* —

Berenjena

Fruto de la planta del mismo nombre

Solanum melongena

El fruto tiene la piel lisa y brillante y es casi siempre de color violeta, aunque también existen berenjenas redondas, blancas, amarillas o atigradas. En crudo, su carne tiene una textura esponjosa, pero se consumen sobre todo cocinadas.

— *lámina* 28 —

Topo

Nabo

Raíz de la planta del mismo nombre

Brassica rapa

Carnosa, blanca, rosa o amarillo pálido, esta raíz un poco insípida se consume esencialmente cocinada, pero también cruda, rallada. En tiempos, tuvo un lugar predominante en la alimentación en Europa, pero, a partir del siglo XVIII, fue destronada por la patata.

— *lámina 29* —

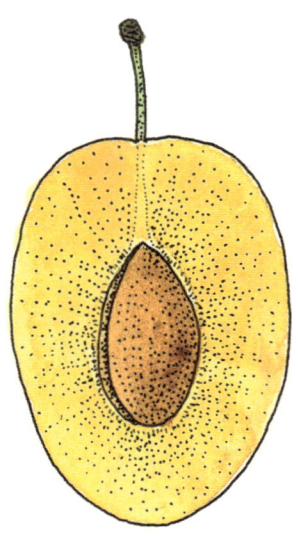

Ciruela damascena

Fruto del ciruelo damasceno

Prunus domestica

Existen muchas variedades de ciruelos.
Las ciruelas más conocidas son estas damascenas,
gruesas y alargadas, con la piel violeta
lisa y brillante, y una carne dulce de color dorado.

— lámina 30 —

Arándano

Fruto de la planta del mismo nombre

Vaccinium myrtillus

Estos son los que se pueden coger en la naturaleza
en Europa, siempre bajo ciertas condiciones,
para evitar que desaparezca la especie.
Sus pequeñas bayas, en principio verdes,
se vuelven violetas y, después, negras al madurar.
Crecen en un arbusto de hojas relucientes.
Los arándanos de las fruterías provienen,
generalmente, de plantas cultivadas de otras especies,
de origen americano, y son más grandes.

— *lámina 31* —

Aceituna

Fruto del OLIVO

Olea europaea

Las aceitunas verdes se recogen antes de que maduren; las negras son aceitunas maduras. Cultivadas desde la Antigüedad en todos los países de la ribera del Mediterráneo, las aceitunas, así como el aceite que de ellas se obtiene, son reconocidas por sus beneficios para el cuerpo y para la salud.

— lámina 32 —

Mora

Fruto de la ZARZAMORA

Rubus fruticosus

La mora, como la frambuesa, está constituida en realidad por un conjunto de frutos minúsculos. Es una planta cultivada, aunque también pueden cogerse moras en su estado natural, pero, en este caso, ¡cuidado con las espinas!

Mariposa

Grosella negra

o zarzaparrilla negra

Fruto del CASIS o GROSELLERO NEGRO

Ribes nigrum

Esta baya de color violeta oscuro y de sabor agrio nace de los restos de la flor.

— lámina 33 —

Mariposa de la col

Repollo

Hojas de la planta
del mismo nombre

Brassica oleracea

En esta variedad de col,
las porciones del tallo entre cada hoja
son tan cortas que todas las hojas
forman una masa compacta.

Coliflor

Órgano prefloral de la
planta del mismo nombre

Brassica oleracea var. botrytis

La cabeza de la coliflor
está formada por pequeños
ramilletes apretados de color
blanco o verde. La coliflor
es un órgano prefloral:
si se la deja crecer, dará lugar
a un racimo de flores.
Se la recolecta, por lo tanto,
antes de la floración.

— *lámina 34* —

Alcachofa

Capítulo de la planta del mismo nombre

Cynara scolymus

La alcachofa es la parte comestible de una especie de cardo. Es un grupo de pequeñas flores muy apretadas, rodeado de brácteas (especie de hojas). De sabor delicado, debe consumirse cuando las flores están aún en forma de capullo.

Jilguero

— *lámina 35* —

Puerro

Hojas de la planta del mismo nombre

Allium porrum

Las largas hojas, embutidas unas en otras, están tan apretadas en su base que forman una especie de cilindro, el fuste del puerro. Se consumen tanto las partes verdes que salen de la tierra como la parte enterrada del fuste, que es blanca y más tierna.

— lámina 36 —

Aguacate

Fruto del árbol del mismo nombre

Persea americana

Esta gran baya de carne grasa
contiene una única semilla, no un hueso.
El aguacate no madura en el árbol.
Se compra cuando aún está duro,
lo que es una señal de frescor,
y se deja que madure en casa.

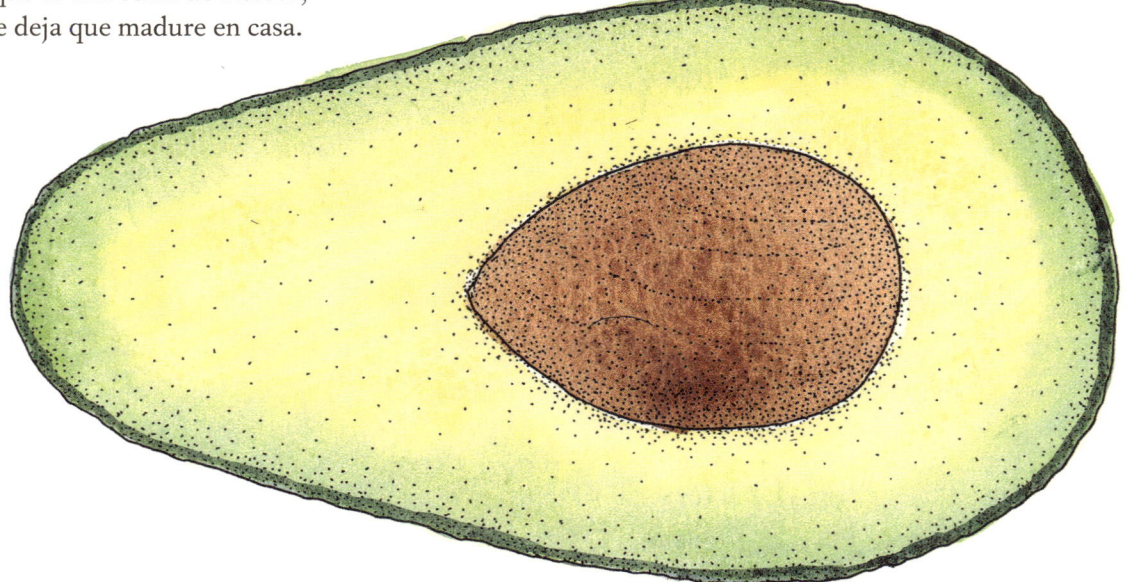

— *lámina 37* —

Lenteja

Semilla de la planta del mismo nombre

Lens culinaris

La planta mide de 30 a 40 centímetros; tiene flores blancas y, más tarde, unos frutos del tipo vaina, que se abren en dos partes cuando están maduros. Cada vaina contiene dos semillas redondas y aplanadas, verdes, amarillas, anaranjadas o pardas.

— *lámina 38* —

Ensaladas

Son hojas de diversas hortalizas o plantas herbáceas, casi siempre verdes, aunque también hay algunas blancas, que se consumen crudas, aliñadas en ensaladas.

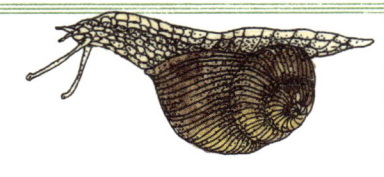

fig. 1

Canónigo o berro
Valerianella locusta y *Valerianella eriocarpa*

fig. 2

Lechuga
Lactuca sativa

Caracoles

fig. 3

Diente de león
Taraxacum officinale

— lámina 39 —

Pollos

Espinaca

Hojas de la planta del mismo nombre

Spinacia oleracea

Para obtener buenas cosechas, hay que cortar las hojas de las espinacas con regularidad. Después de cortarlas, empiezan a salir enseguida unas nuevas hojas amarillas.

— lámina 40 —

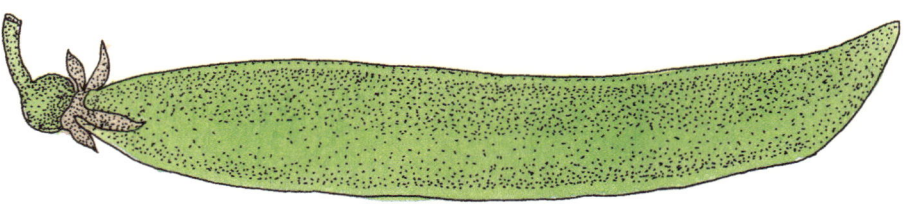

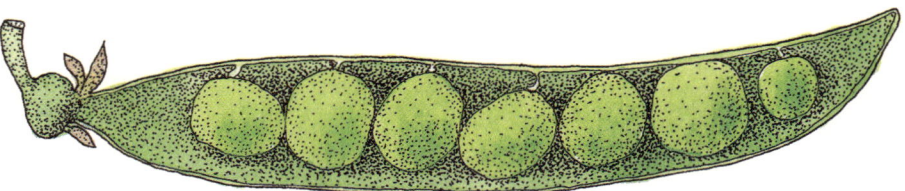

Guisante

Semilla fresca de la planta del mismo nombre

Pisum sativum

Los dulces granos de guisante son recolectados
antes de madurar y se consumen frescos aunque,
en algunos lugares, también se comen secos.
Cada fruto del guisante, la vaina,
contiene entre dos y diez granos redondos.

Mariquita

— *lámina 41* —

Kiwi

Fruto de la planta del mismo nombre

Actinidia deliciosa y *Actinidia chinensis*

Este fruto, que contiene numerosas semillas, crece en una liana y tiene muchas vitaminas (a igual peso, tiene, por término medio, el doble de vitamina C que la naranja). Aunque es originario de China, su cultivo se desarrolló en Nueva Zelanda en el siglo xx; «kiwi» es una palabra maorí, que designa también al ave nacional de Nueva Zelanda.

Kiwi

– lámina 42 –

Pepinillo y pepino

Frutos de variedades de la planta del mismo nombre

Cucumis sativus

El pepinillo y el pepino son los frutos de una especie de planta, de la familia de las cucurbitáceas. Según la variedad que se cultive, el fruto recogido puede ser pequeño y espinoso y lleva entonces el nombre de «pepinillo», o más grande y, en este caso, es un «pepino». Los pepinillos se conservan generalmente en vinagre.

Hormigas

— *lámina* 43 —

Judía verde

Fruto y semilla de la planta del mismo nombre

Phaseolus vulgaris

La planta de la judía ya era cultivada por los indios de América del Sur; en Europa, no fue conocida hasta el siglo XVII. Se puede comer de dos formas: el fruto, llamado «vaina», que es muy tierno si se recoge joven, y el grano, cuando ya está seco. Este es el nombre más común, pero recibe muchos otros, dependiendo de su variedad y de la zona donde se consume: alubia, habichuela, fréjol, frijol…

Zapateros

— *lámina 44* —

Calabacín

Fruto de la planta del mismo nombre

Cucurbita pepo

Los calabacines y algunas calabazas son variedades diferentes de una misma especie de planta. Como indica su sufijo diminutivo *-in*, los calabacines son como unas pequeñas calabazas, generalmente alargadas y verdes. Cuando se están formando, llevan todavía en su extremo el resto de las flores hembra de las que nacieron.

Carambola

Fruto de la planta del mismo nombre

Averrhoa carambola

Esta baya procedente de Asia, de gusto ácido, se come fresca, cuando la piel está todavía amarilla, o en zumo. Si se corta transversalmente, tiene la forma de una estrella decorativa.

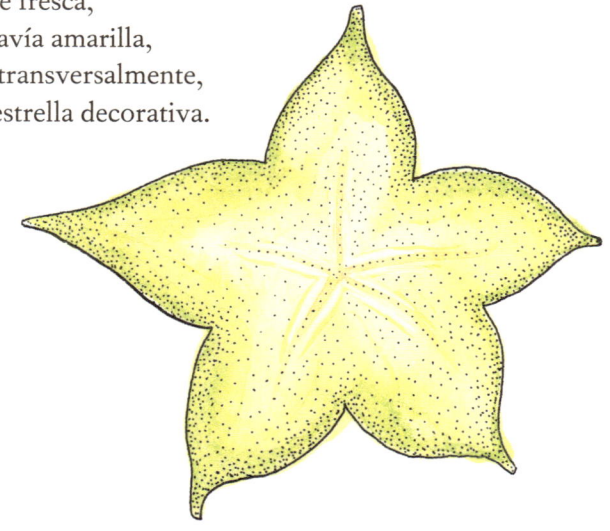

— *lámina 46* —

Uva

Fruto de la VID

Especies del género *Vitis*

Estas bayas dulces se agrupan
en racimos que cuelgan de las ramas
o sarmientos de una cepa.
Cuando hablamos de «uva de mesa»,
nos referimos a las variedades de uva
que se comen como fruta,
en oposición a la «uva de vino»,
que es la que se destina a ese fin.

— *lámina 47* —

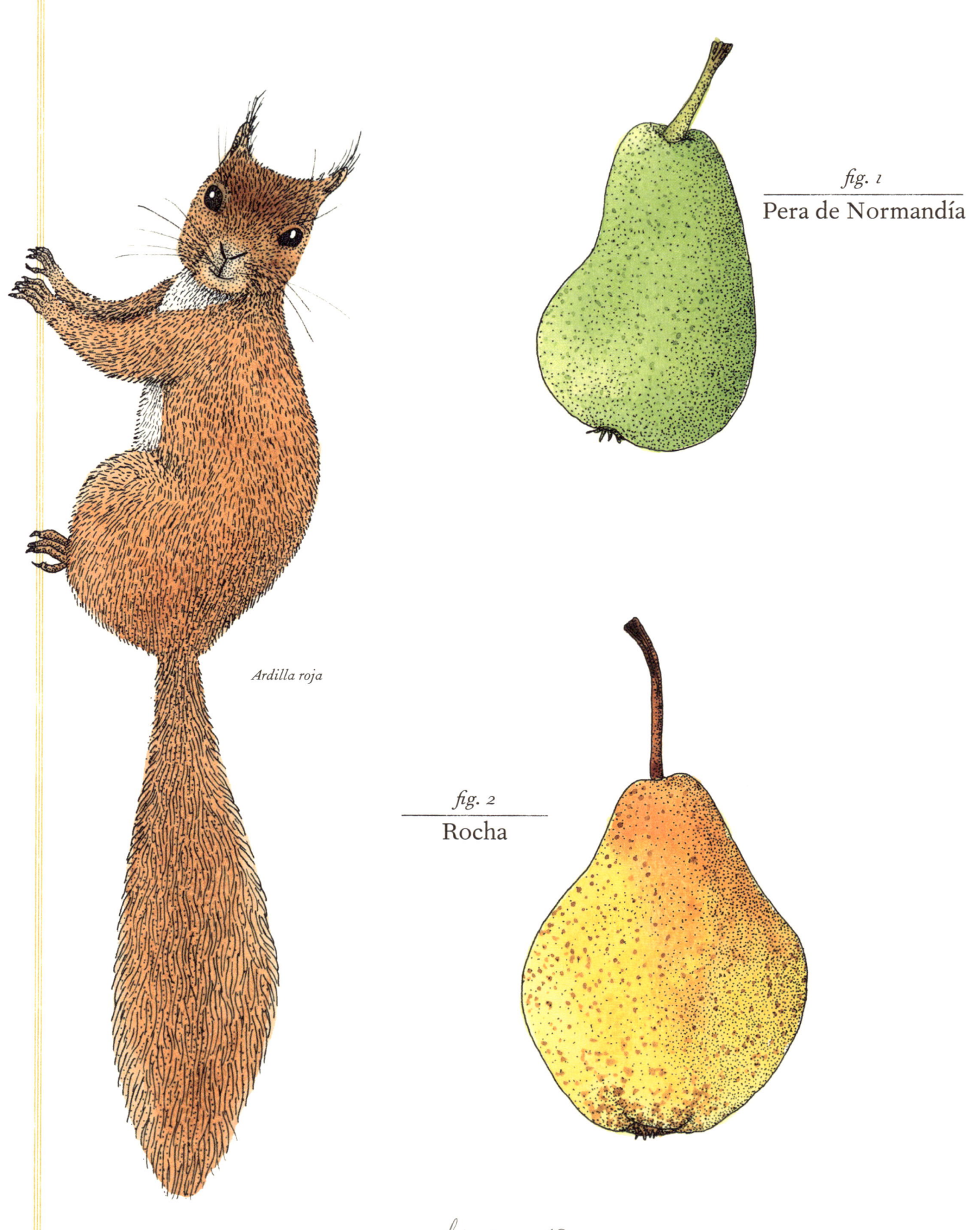

fig. 1
Pera de Normandía

Ardilla roja

fig. 2
Rocha

— lámina 48 —

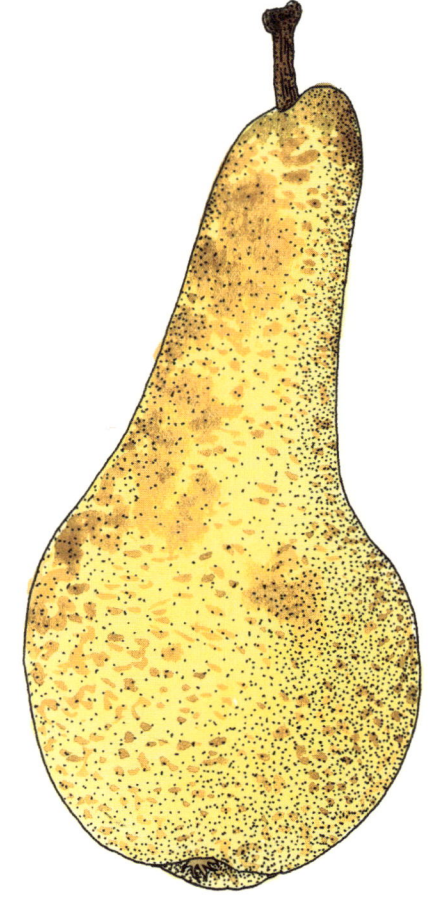

fig. 3
Abate Fetel

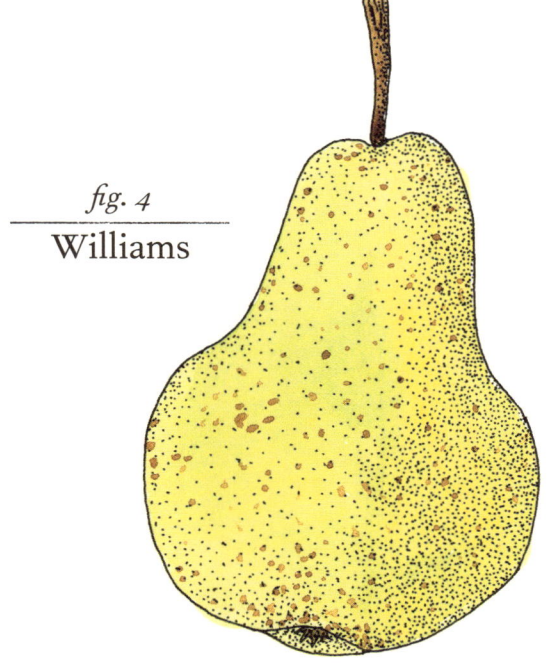

fig. 4
Williams

Pera

Fruto del PERAL

Pyrus communis

De la misma familia
que la manzana,
esta fruta con pepitas
tiene diversas variedades,
que se distinguen por los colores
de su piel y por su sabor
más o menos ácido o dulce.

Gombo u ocra

Fruto de la planta del mismo nombre

Abelmoschus esculentus

Este fruto de piel sedosa nace
de una flor amarilla de cinco pétalos
y crece recto hacia arriba.
Es un fruto de tipo cápsula,
que se abre cuando está bien seco,
para liberar sus semillas.
Se puede consumir crudo o cocinado,
pero solo cuando es joven y tierno,
de menos de 10 centímetros.

— *lámina* 49 —

Membrillo

Fruto del árbol del mismo nombre

Cydonia oblonga

Su piel es olorosa y aterciopelada y su carne, dura y áspera. Algunos membrillos pueden comerse crudos, después de que su carne se haya ablandado al madurar, pero normalmente se consume transformado en forma de jalea, compota o dulce de membrillo, y como pectina en las mermeladas.

Limón

Fruto del LIMONERO

Citrus x limon

Este fruto de piel lisa tiene un jugo ácido muy vitaminado. Como todos los cítricos, el limón es originario de Asia y llegó a Europa en la Edad Media con los árabes.

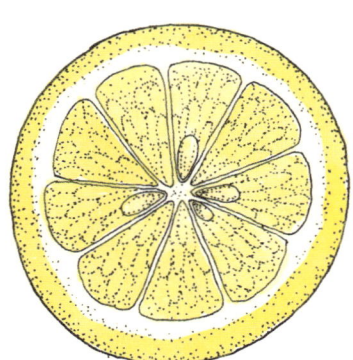

Plátano

Fruto de la PLATANERA

Especies del género *Musa*

Los plátanos no son frutos
en el auténtico sentido del término:
son el resultado de la transformación
de una flor hembra que no ha sido fecundada,
por lo que no contiene semillas.
Los plátanos, cualquiera que sea su forma,
crecen siempre en racimos hacia lo alto.

— *lámina 51* —

Ananás
o piña americana

Infrutescencia de la planta del mismo nombre

Ananas comosus

Las flores azules de esta planta duran solamente un día y dan unos pequeños frutos cónicos que se juntan, formando la piña, que es, por lo tanto, una infrutescencia: órgano compuesto de muchos frutos, cada uno de los cuales procede de una flor. Su nombre significa «perfume de los perfumes» en guaraní.

— lámina 52 —

Cereales

Frutos de las plantas del mismo nombre

Varias especies de la familia de las gramíneas

Los granos de los cereales son frutos; se agrupan en espigas (granos unidos) o en panículas (racimos de granos independientes).

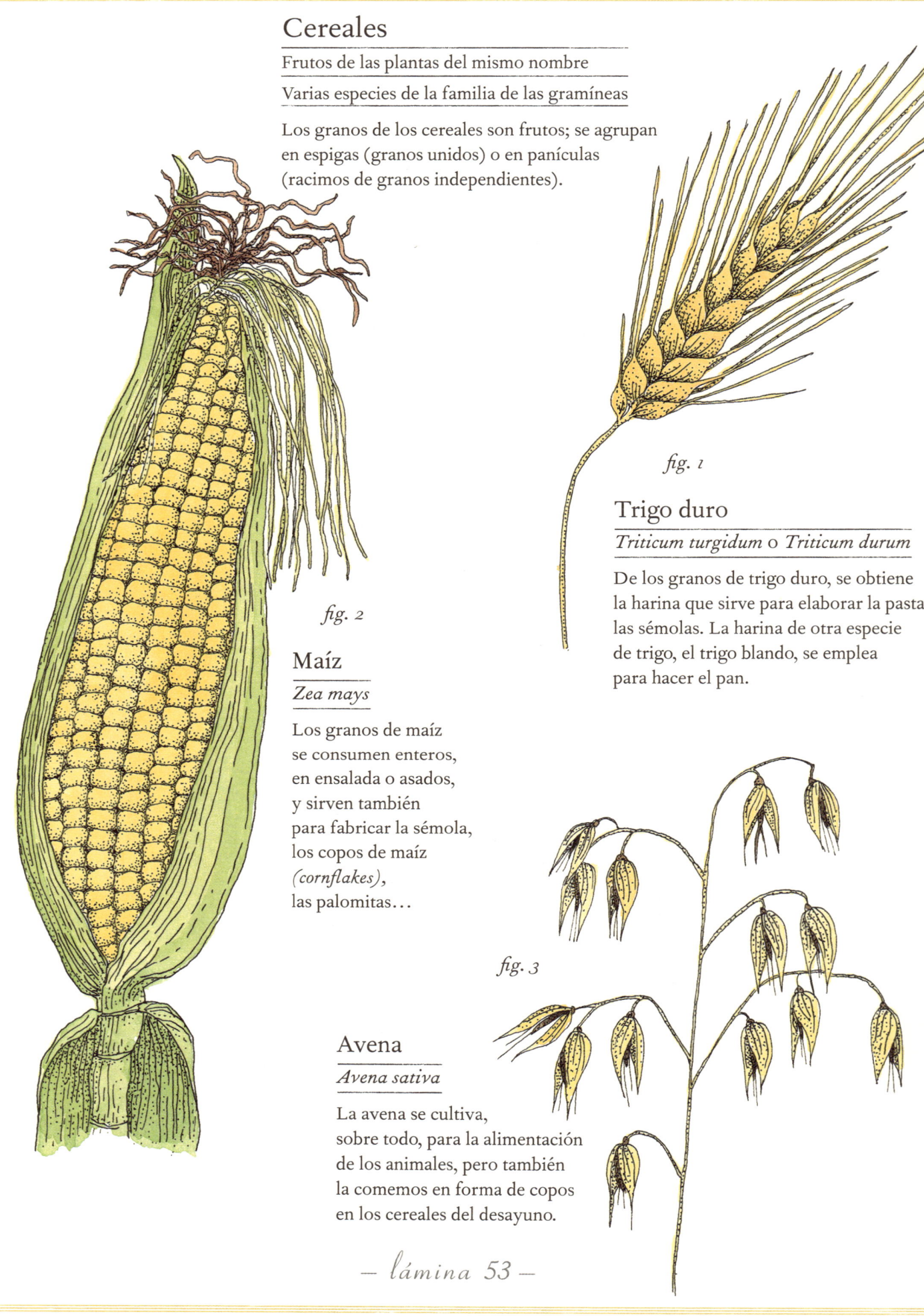

fig. 1

Trigo duro

Triticum turgidum o *Triticum durum*

De los granos de trigo duro, se obtiene la harina que sirve para elaborar la pasta y las sémolas. La harina de otra especie de trigo, el trigo blando, se emplea para hacer el pan.

fig. 2

Maíz

Zea mays

Los granos de maíz se consumen enteros, en ensalada o asados, y sirven también para fabricar la sémola, los copos de maíz *(cornflakes)*, las palomitas…

fig. 3

Avena

Avena sativa

La avena se cultiva, sobre todo, para la alimentación de los animales, pero también la comemos en forma de copos en los cereales del desayuno.

— *lámina* 53 —

fig. 4

Cebada

Hordeum distichum

La cebada es uno de los cereales cultivados más antiguos. A partir de sus granos, se produce la cerveza.

fig. 5

Arroz

Oryza sativa

Este cereal necesita mucha agua; por eso, se cultiva en campos llanos, continuamente inundados (los arrozales). Se puede comer el arroz en dos formas: arroz integral, que es marrón, o arroz blanco, que se obtiene a partir del anterior, quitándole la fina película marrón que lo cubre.

fig. 6

Sorgo

Sorghum bicolor

Este cereal originario de África se consume en granos o en harina.

Ratón de campo

Manzana

Fruto del MANZANO

Malus domestica

Existen miles de variedades de manzana, que son frutos con pepitas. Su piel, lisa o manchada, varía del verde al amarillo, pasando por el rojo. Se las come a mordiscos y las más ácidas sirven para elaborar la sidra.

fig. 1 Golden

fig. 2 Reineta

fig. 3 Reineta gris

— *lámina* 54 —

Endivia
o achicoria de Bruselas

Brote de la ENDIVIA

Cichorium intybus

Las hojas verdes de esta especie de lechuga se cortan, y sus raíces se mantienen en la oscuridad. El brote que surge entonces sobre la raíz engorda de forma espectacular. A consecuencia de la ausencia de luz, no se ha podido producir la clorofila, que es lo que da a las plantas su color verde; por lo tanto, el brote es totalmente blanco. Este brote, formado por hojas muy apretadas, es lo que se come, crudo o cocido.

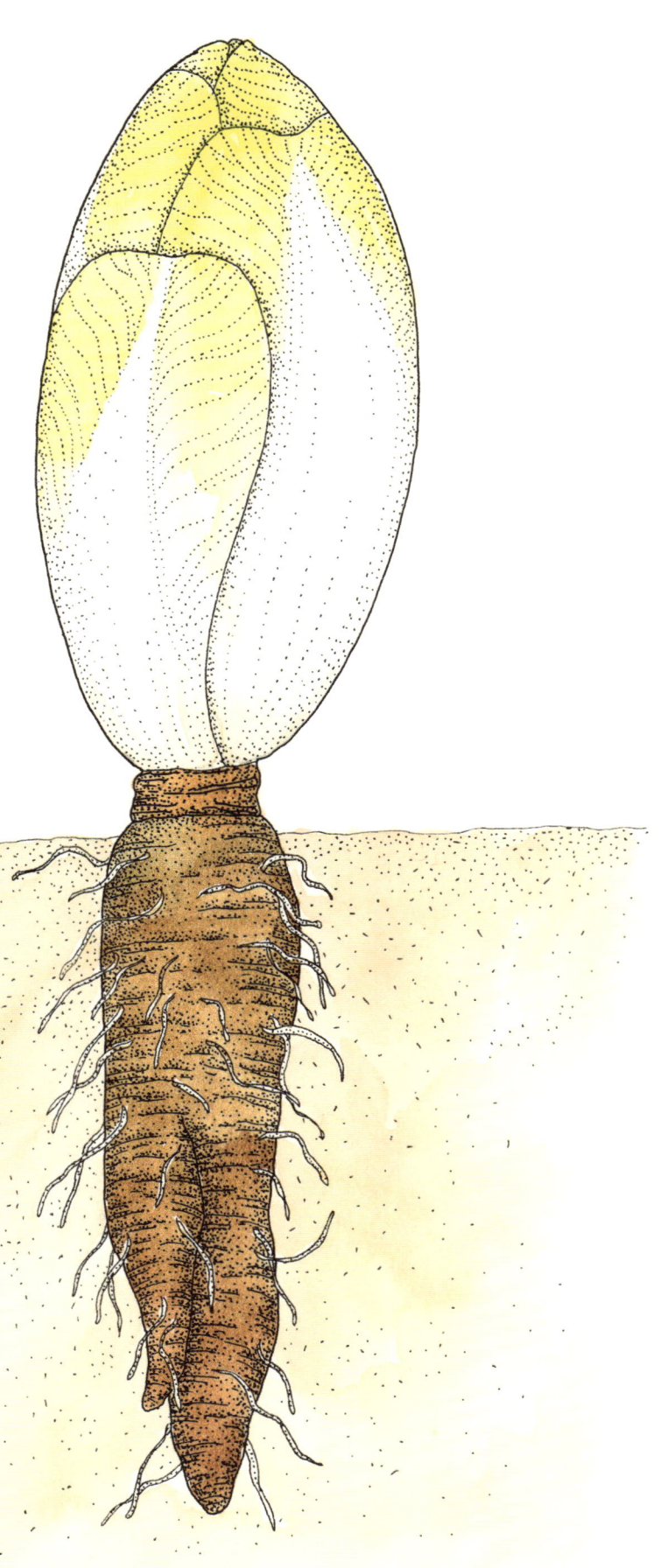

— *lámina 55* —

Calabaza bonetera

Fruto de la planta del mismo nombre

Cucurbita pepo

La bonetera es una calabaza plana,
de un sabor parecido al de la alcachofa.
Las más conocidas son de color blanco,
aunque también pueden ser amarillas,
verdes o rojas.

Té

Hojas de la planta del TÉ

Camellia sinensis

Con las hojas secas de este arbusto, en infusión, se obtiene el té, bebida que se conoce en China desde hace casi cinco mil años. Al tratar de diferentes formas las hojas recolectadas (mediante secado, fermentación, oxidación, etc.), se elaboran distintos tipos de té: té verde, blanco, negro, ahumado…

— *lámina* 57 —

Frutos secos

De estos frutos se come solamente el grano, llamado «almendra», que está envuelto y protegido por una cáscara muy dura. La cáscara corresponde a un fruto seco entero (avellana) o al hueso de un fruto carnoso (nuez).

Anacardo

Fruto del árbol del mismo nombre

Anacardium occidentale

Por encima de la nuez de anacardo propiamente dicha, se encuentra la manzana de cajú o marañón, formada por un engrosamiento del pedúnculo (el rabo) de la flor.

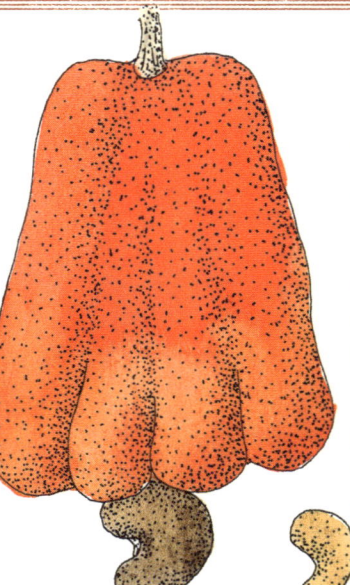

fig. 1

Nuez

Fruto del NOGAL

Juglans regia

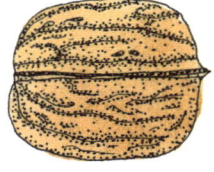

fig. 2

Coco

Fruto del COCOTERO

Cocos nucifera

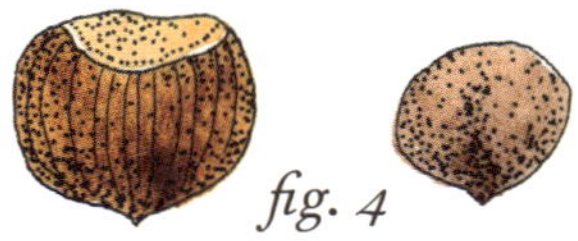

fig. 3

Avellana

Fruto del AVELLANO

Corylus avellana

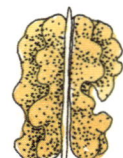

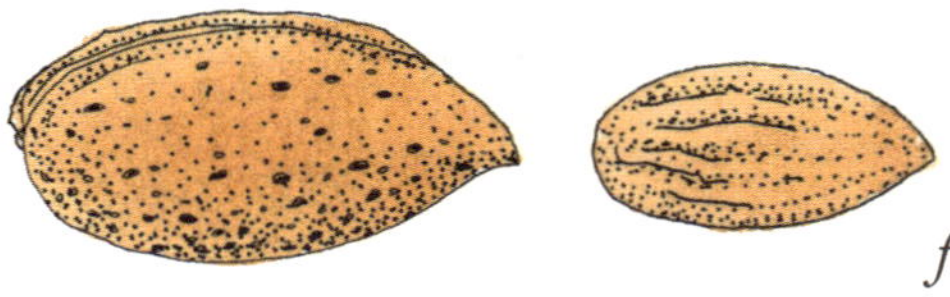

fig. 4

Pacana

Fruto del árbol del mismo nombre

Carya illinoensis

fig. 5

Almendra

Fruto del ALMENDRO

Prunus dulcis o *Prunus amygdalus*

En el caso de esta planta, la palabra «almendra» se refiere tanto al fruto entero como a la semilla que hay dentro.

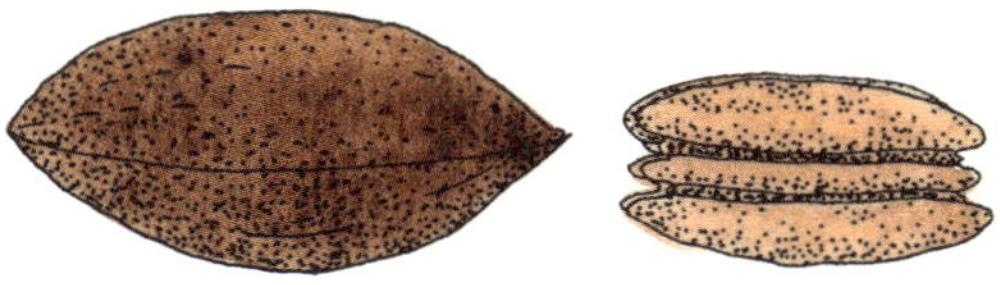

fig. 6

— lámina 58 —

Dátil

Fruto de la palmera DATILERA

Phoenix dactylifera

Los dátiles son bayas muy dulces
que crecen en racimos, como los plátanos.
Lo que llamamos el hueso es, de hecho,
según los especialistas, el equivalente
a una semilla. La palmera datilera
es uno de los árboles cultivados más antiguos
(alrededor de 7000 años antes de nuestra era).

Patata

Tubérculo de la planta del mismo nombre

Solanum tuberosum

Un tubérculo es un órgano que sirve de reserva de alimento para la planta. Para cultivar la patata, se mete en la tierra… una patata. En unos meses, esta patata produce muchas nuevas patatas, que se recogen excavando la tierra.
La patata es originaria de América del Sur; su cultivo no se desarrolló en Europa hasta finales del siglo XVIII.

Escarabajo de la patata

— *lámina 60* —

Níspero

Fruto del árbol del mismo nombre

Mespilus germanica

Es un pequeño fruto redondo sobre el que siguen siendo visibles los cinco sépalos verde parduzcos de la flor de la que provienen. Para que los nísperos tengan un sabor agradable, hay que dejar que se ablanden antes de comerlos.

— lámina 61 —

Vainilla

Fruto de la planta del mismo nombre

Vanilla planifolia

La vainilla es una liana de la familia de las orquídeas, que da unos frutos denominados «vainas». Unos pequeños granos negros contenidos en las vainas de la vainilla son los que le dan todo su sabor. Ya era utilizada en México por los aztecas y fue traída por los conquistadores españoles a principios del siglo XVI.

— *lámina 62* —

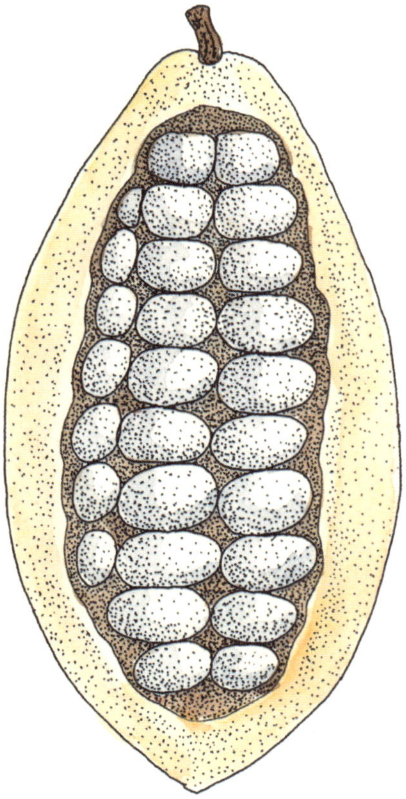

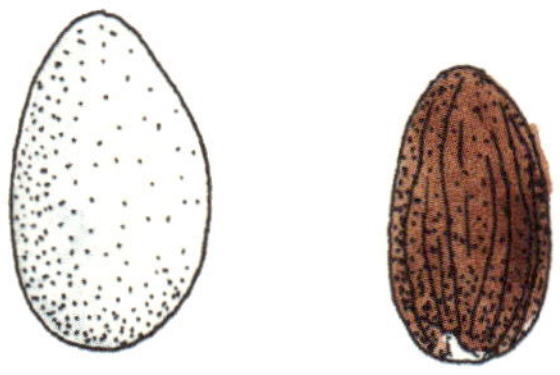

Cacao

Semillas de la planta del mismo nombre o CACAOTERO

Theobroma cacao

La vaina del cacao es un fruto rojo, amarillo, anaranjado o a veces marrón violáceo, que crece directamente en el tronco del cacaotero. Se la recoge y se la golpea hasta que está madura. Contiene unos treinta granos o habas, envueltos en una pulpa blanca. Se los hace fermentar y secar antes de tostarlos. Luego sufren distintos tratamientos para obtener la pasta de cacao y la manteca de cacao, que sirven para hacer el chocolate.

— lámina 63 —

Oreja de Judas
Auricularia auricula-judae

fig. 1

fig. 2

Enoki
o aguja de oro
Flammulina velutipes

Setas comestibles

Las setas no son ni vegetales ni animales.
No tienen hojas ni raíces ni frutos ni semillas.
Se clasifican en un reino específico,
el reino de los hongos, pero merecen,
por lo menos, un pequeño espacio en este libro.

fig. 3

Champiñón
Agaricus campestris

fig. 4

Trompeta de los muertos
Craterellus cornucopioides

fig. 5

Rebozuelo
Cantharellus cibarius

Boleto bayo
Xerocomus badius

fig. 6

Erizo

— lámina 64 —

ÍNDICE

Aceituna — 32
Aguacate — 37
Albaricoque — 3
Alcachofa — 35
Almendra — 58
Anacardo — 58
Ananás — 52
Arándano — 31
Arroz — 53
Avellana — 58
Avena — 53
Azafrán — 17
Batata — 8
Berenjena — 28
Boleto bayo — 64
Cacao — 63
Café — 12
Calabacín — 45
Calabaza — 5
Calabaza bonetera — 56
Canónigo o berro — 39
Caqui — 10
Carambola — 46
Cebada — 53
Cebolla — 4
Cereza — 16

Champiñón — 64
Ciruela damascena — 30
Clementina — 6
Coco — 58
Coliflor — 34
Dátil — 59
Diente de león — 39
Dulse — 23
Endivia o achicoria de Bruselas — 55
Enoki o aguja de oro — 64
Espinaca — 40
Frambuesa — 14
Fresa — 14
Gombo u ocra — 49
Granada — 26
Grosella negra o zarzaparrilla negra — 33
Grosella roja — 15
Guisante — 41
Higo — 24
Higo chumbo — 24
Judía verde — 44
Kiwi — 42
Kombu — 23
Lamilla o lechuga de mar — 23
Lechuga — 39
Lenteja — 38

Lichi —— 22	Pimiento —— 13
Limón —— 50	Plátano —— 51
Maíz —— 53	Pomelo —— 18
Mandarina —— 6	Puerro —— 36
Mango —— 25	Rábano —— 21
Manzana —— 54	Rebozuelo —— 64
Maracuyá o fruta de la pasión —— 26	Remolacha —— 27
Melocotón —— 19	Repollo —— 34
Melón —— 1	Sandía —— 20
Membrillo —— 50	Sorgo —— 53
Mora —— 33	Té —— 57
Nabo —— 29	Tomate —— 11
Naranja —— 7	Trigo duro —— 53
Níspero —— 61	Trompeta de los muertos —— 64
Nori —— 23	Uva —— 47
Nuez —— 58	Vainilla —— 62
Oreja de Judas —— 64	Zanahoria —— 2
Pacana —— 58	
Papaya —— 9	
Patata —— 60	
Pepinillo —— 43	
Pepino —— 43	
Pera —— 48	
Pimienta —— 17	
Pimienta de Cayena —— 17	
Pimienta rosada —— 17	

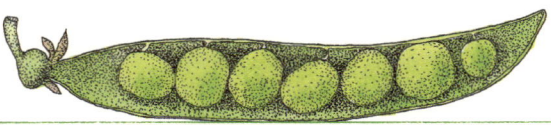